ck

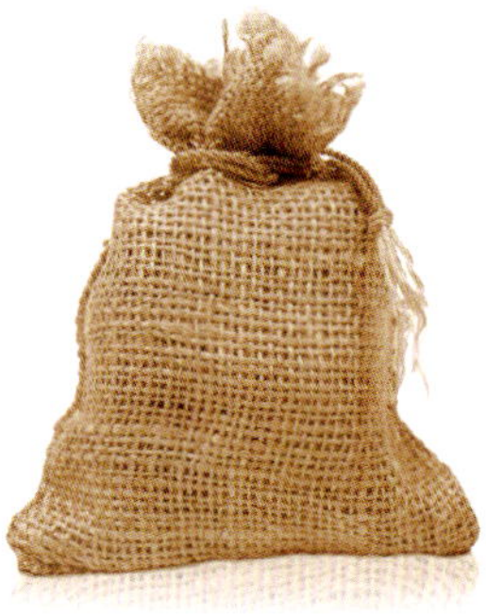

Ransom

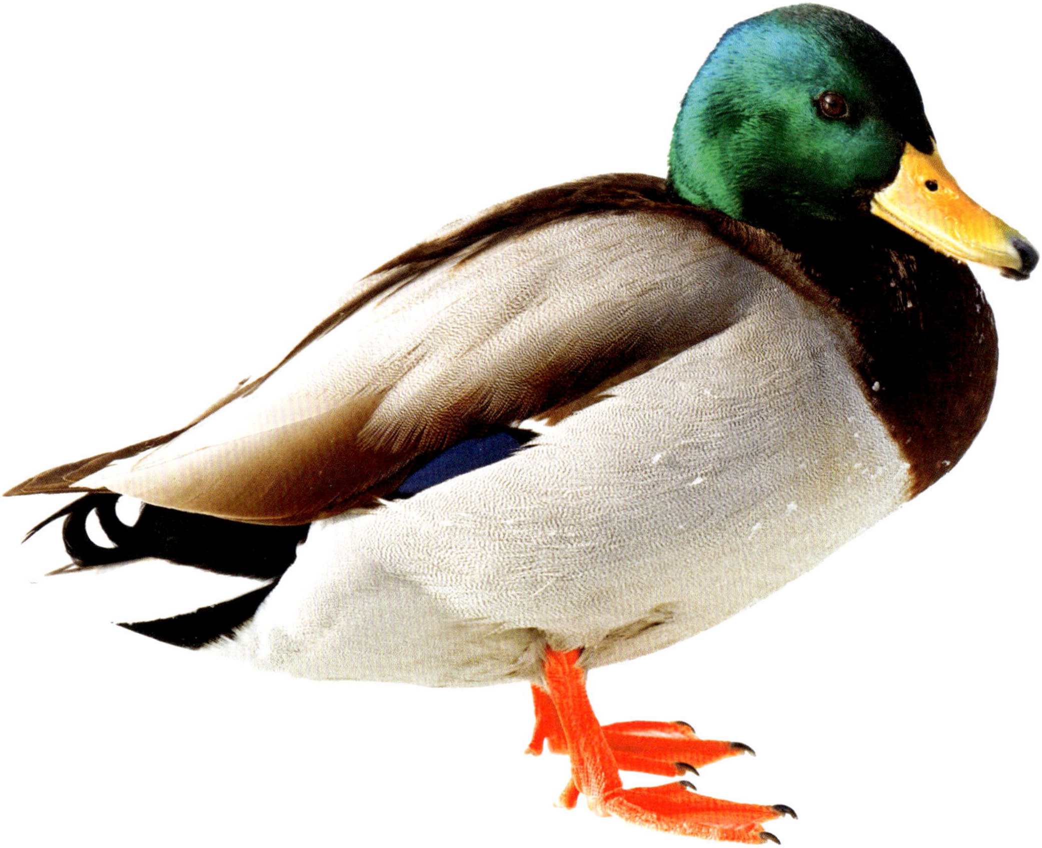

duck

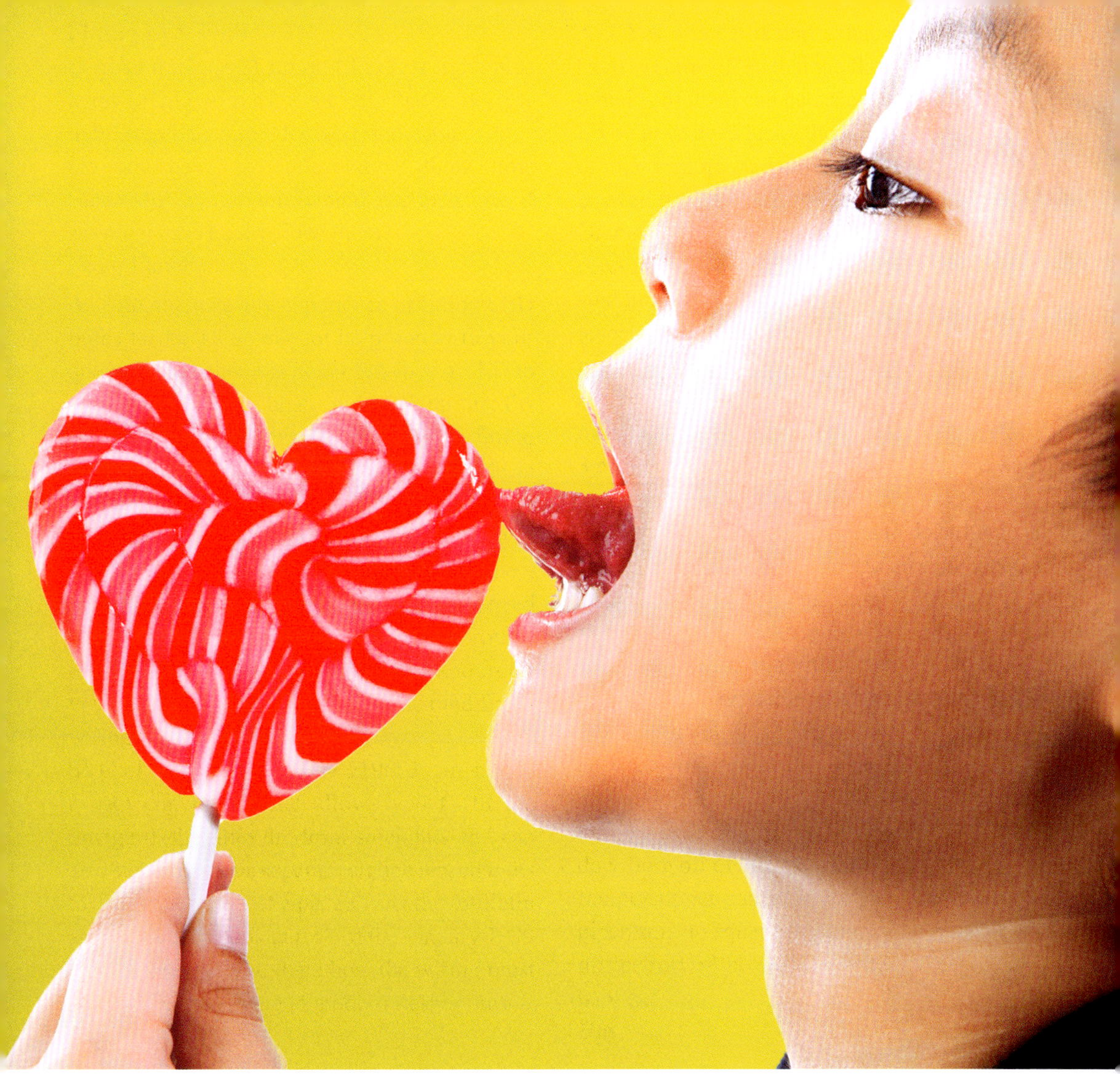

lick

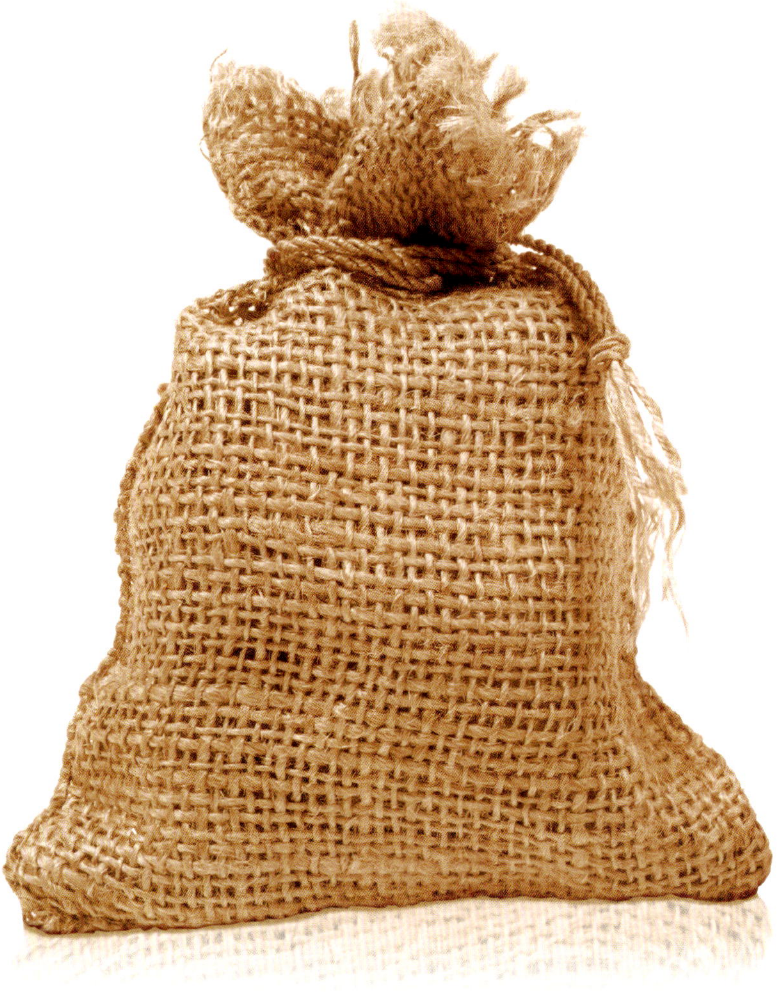

sack

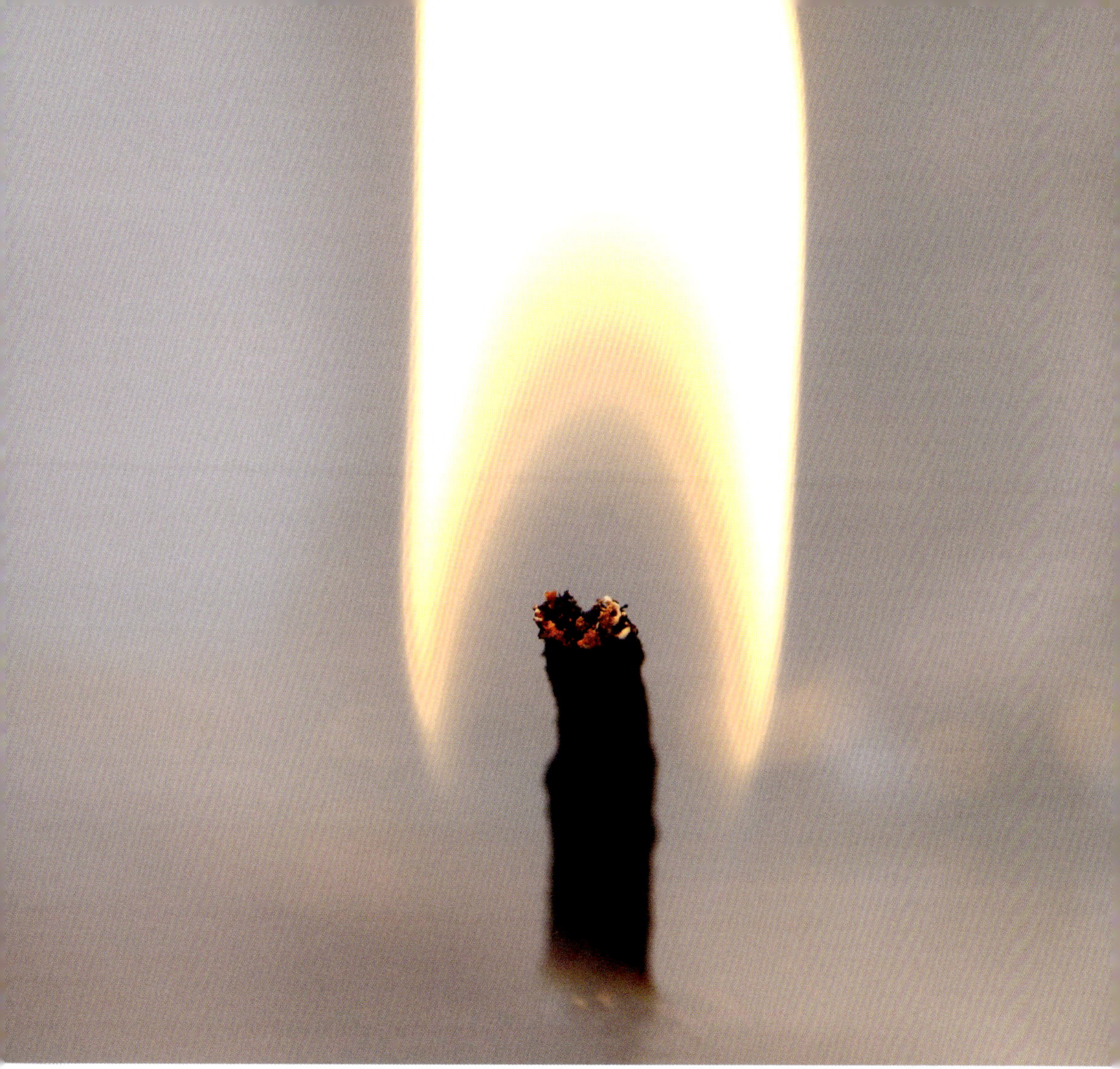

wick

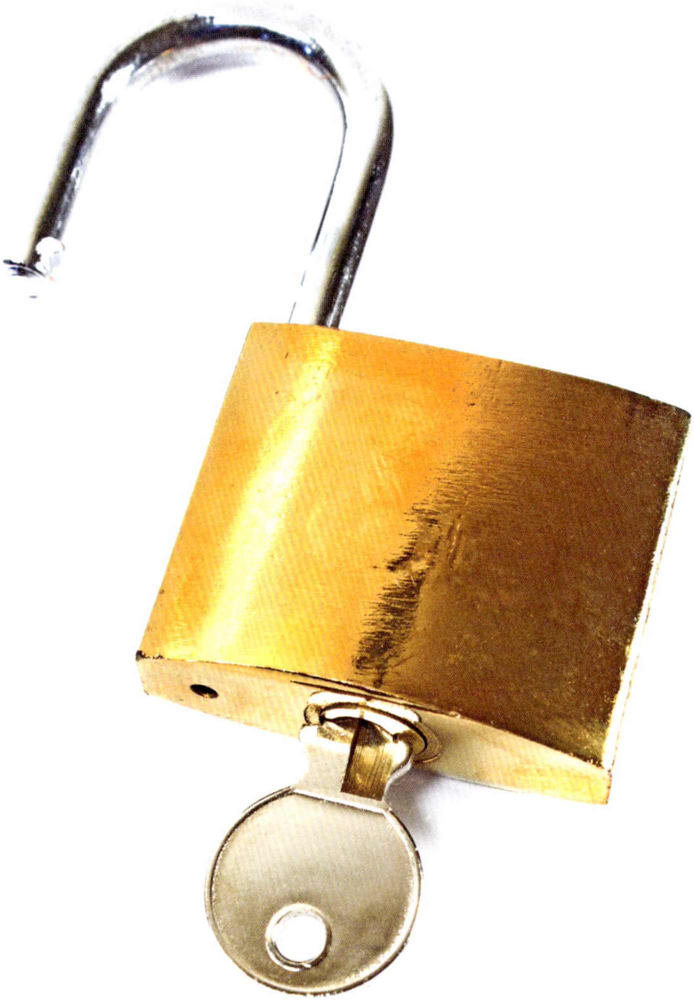

padlock

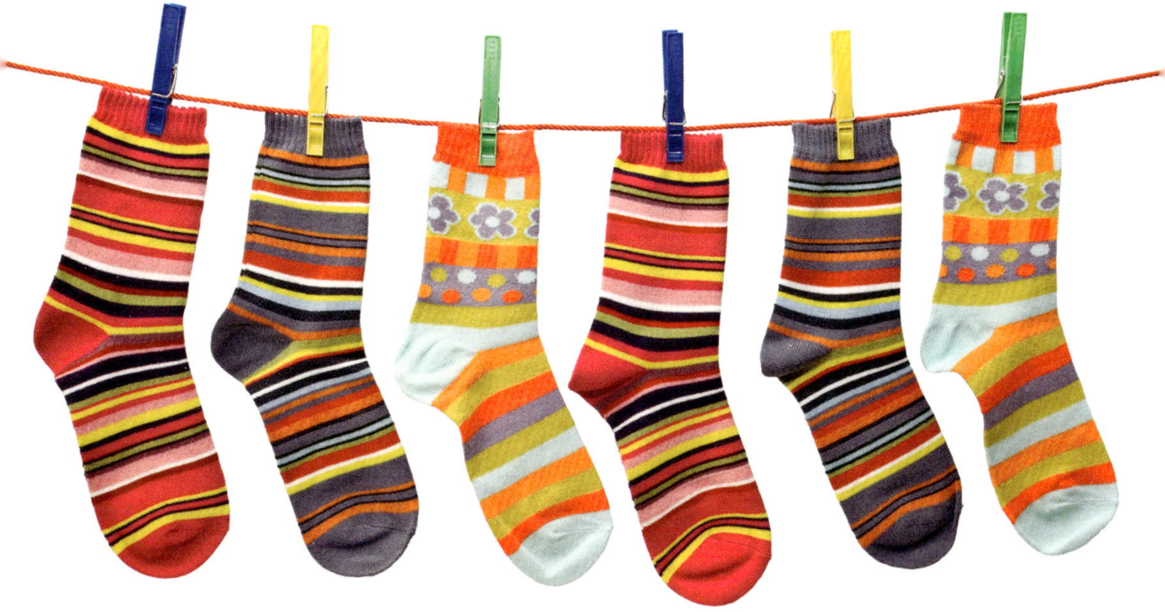

socks

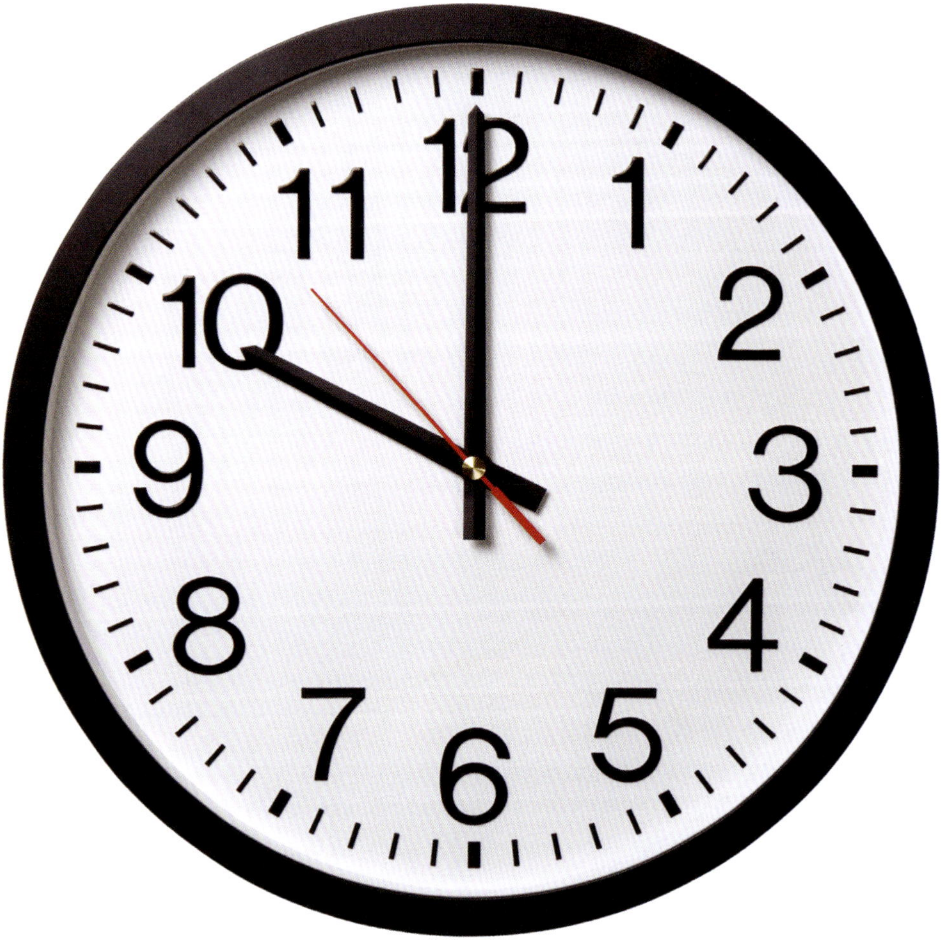

clock

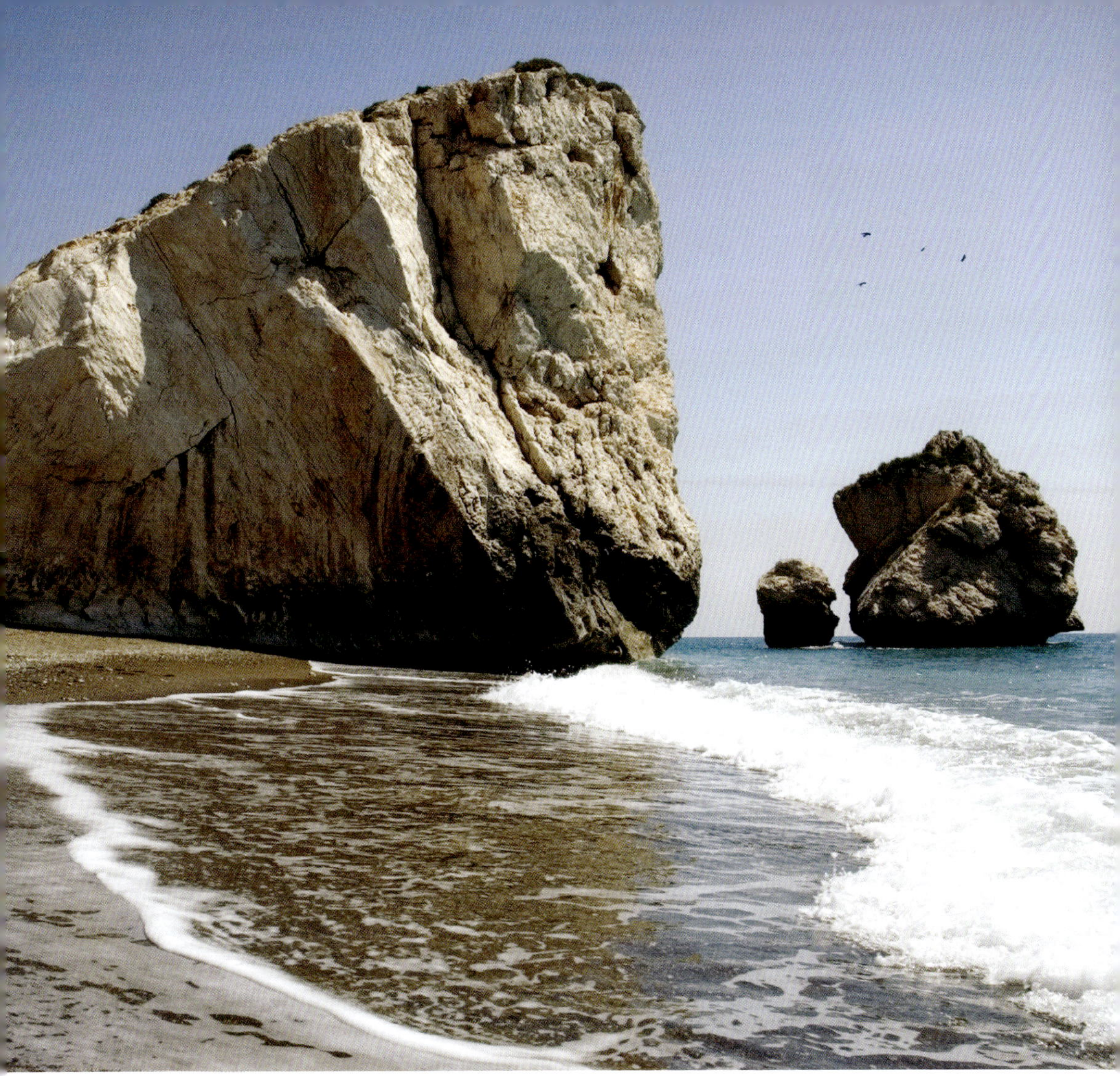

rocks

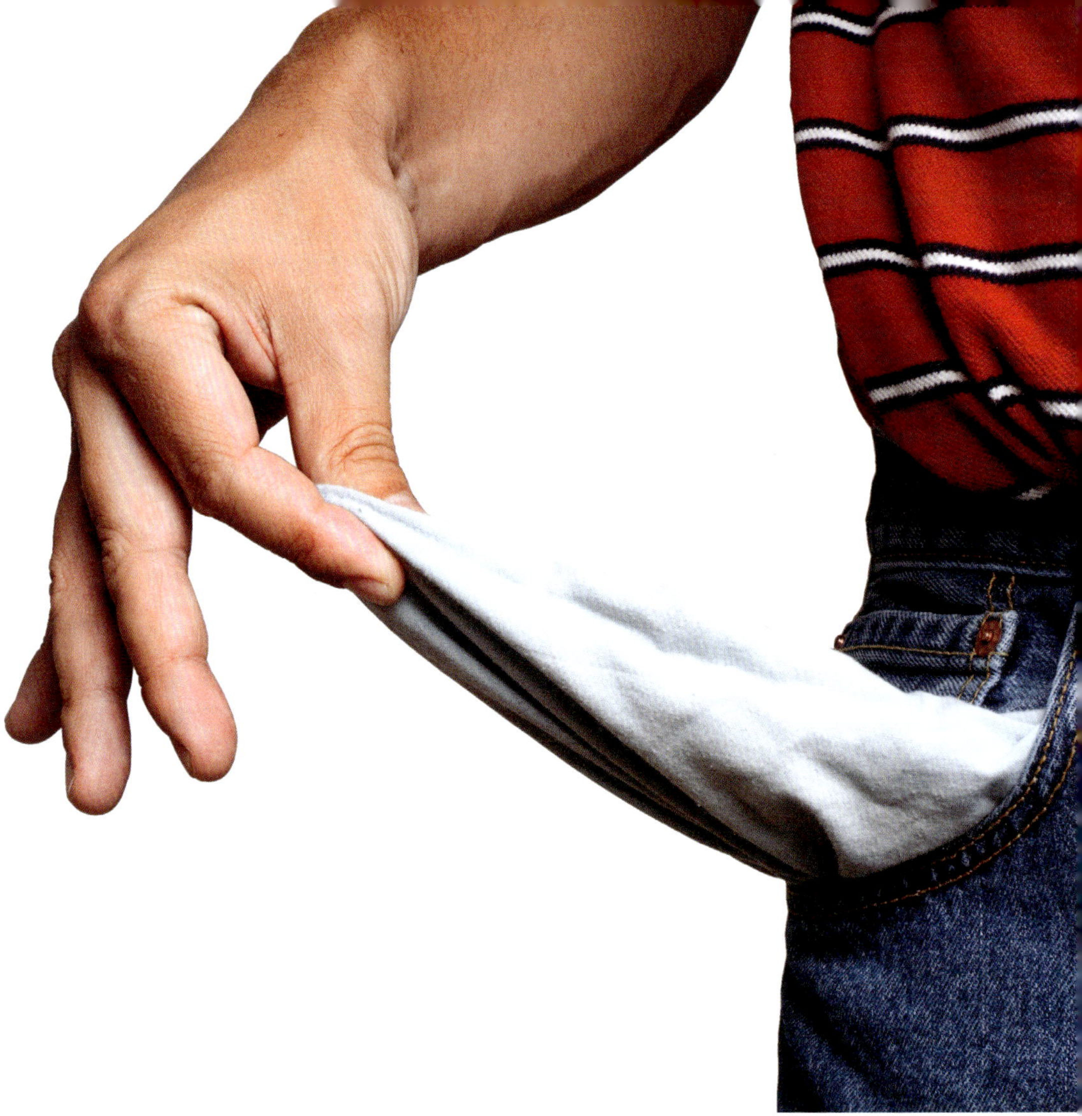

ck ck

ck ck

ck

duck

lick

sack

wick

padlock

socks

clock

rocks